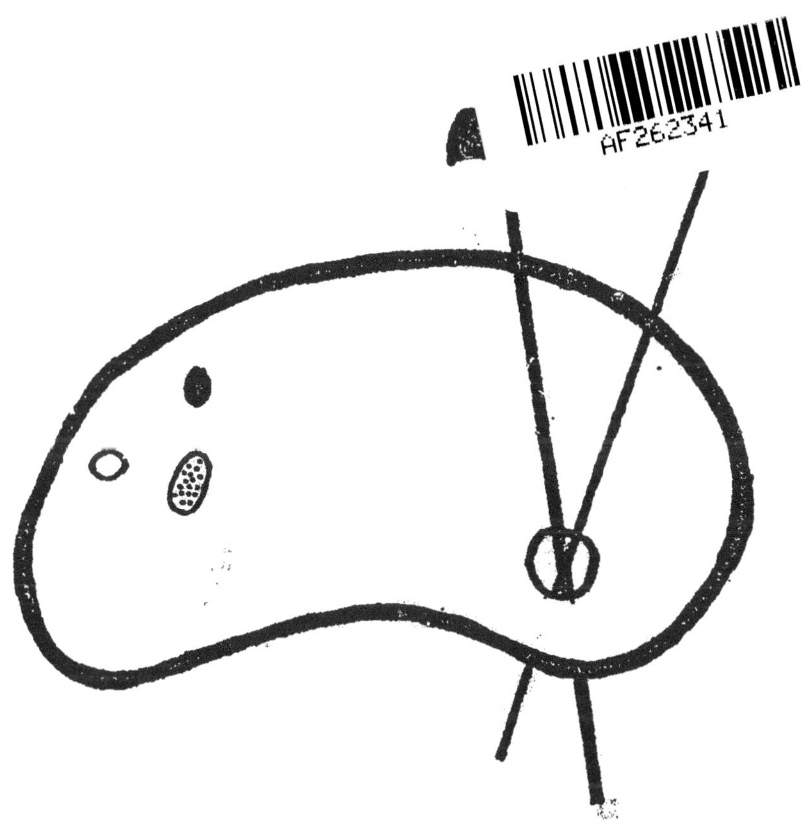

DEBUT D'UNE SERIE DE DOCUMENTS
EN COULEUR

LA DÉFENSE NATIONALE

CONFÉRENCE FAITE A ROUEN LE 22 JUIN 1883

PAR PAUL DÉROULÈDE

Vendu 50 centimes au Profit de la Ligue.

MANN LÉVY, ÉDITEUR, 3, RUE AUBER

PARIS

Paris. — Typ. G. Chamerot. — 15061.

APPEL

La *Ligue des Patriotes* a pour but la propagande et le développement de l'éducation patriotique et militaire.

C'est par la parole, par le livre, le chant, la gymnastique et le tir que cette éducation doit être donnée.

Une souscription est ouverte.

Comme il importe que tout Patriote ait son nom inscrit à la Ligue et puisse, selon ses ressources, collaborer à cette œuvre de relèvement et de ralliement national, les cotisations annuelles sont reçues à partir de vingt-cinq centimes.

Le montant des fonds recueillis sera affecté :

1º A l'achat, à la publication et à l'envoi de recueils, de chants et d'images patriotiques ;

2º A des achats d'armes de tir et d'appareils de gymnastique ;

3º A la subvention, à la création et à l'encouragement des Sociétés de gymnastique, de tir, d'escrime et de topographie ; de Sociétés chorales et philharmoniques ; de Sociétés de secours aux blessés en campagne ; de Sociétés de lecture et de récitation ; de Sociétés de sauvetage, etc. ;

4º A la fondation de conférences, de lectures publiques et de cours gratuits ;

5º A l'organisation de fêtes patriotiques.

En faisant appel pour cette souscription à toutes les bonnes volontés du Pays, la Ligue n'a pas seulement pour but de réunir par là les ressources nécessaires à son œuvre, elle veut aussi grouper dans un espoir commun au-dessus des partis et au nom de l'intérêt suprême de la Patrie, tout ce qu'il y a de Français en France.

LE COMITÉ :

Président : M. Henri MARTIN. *Vice-Présidents* : MM. A. MÉZIÈRES, O. ✳; Félix FAURE, ✳; Edmond TURQUET, ✳. *Membres* : MM. BUISSON, O. ✳; FRIBOURG, O. ✳; BESSAND, O. ✳; FÉRY D'ESCLANDS, ✳; BARBAROUX, ✳; SANSBŒUF, ✳; A. VIGNAT; E. RIQUIER, ✳; FRETTE, Antonin MERCIÉ, O. ✳; Jules MASSENET, O. ✳; Alphonse DE NEUVILLE, O. ✳; Édouard DETAILLE, O. ✳. *Administrateur général* : OLIVEAU, O. ✳; *Secrétaire général* : Armand GOURIL. *Secrétaires* : DUCRET, Paul LESER ; *Trésorier* : Auguste JUGE. *Trésorier adjoint* : R. BRUNET. *Délégué du Comité* : Paul DÉROULÈDE, ✳.

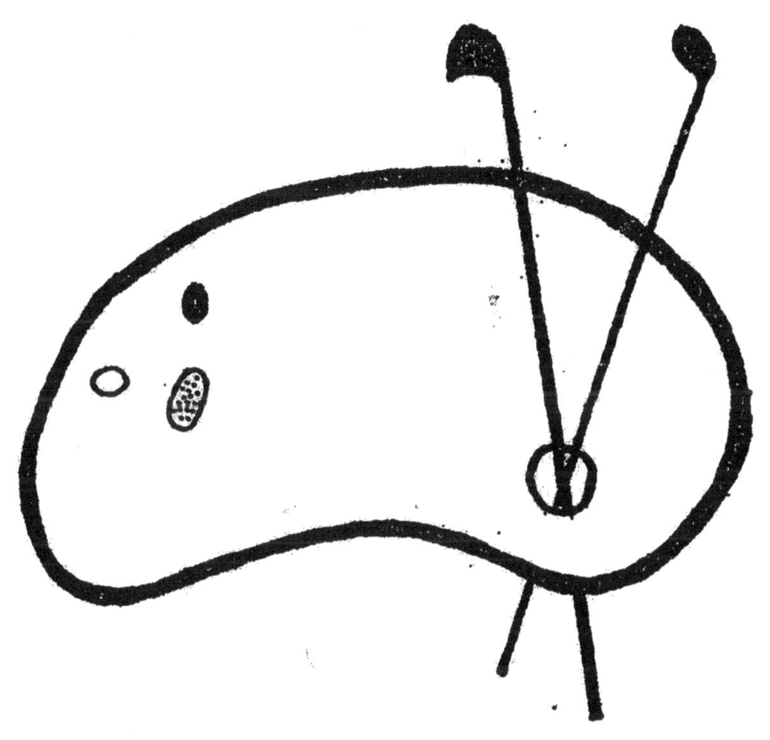

FIN D'UNE SÉRIE DE DOCUMENTS
EN COULEUR

LA DÉFENSE NATIONALE

CONFÉRENCE

FAITE

A ROUEN AU BÉNÉFICE DU SOU DES ÉCOLES

PAR M. PAUL DÉROULÈDE

DÉLÉGUÉ DE LA LIGUE DES PATRIOTES

Mesdames, Messieurs,

Permettez-moi de remercier tout d'abord notre sœur aînée, la *Ligue de l'Enseignement*, de l'honneur qu'elle a fait à notre jeune *Ligue des Patriotes* en venant lui demander son concours. Nous avons volontiers répondu à son appel, car si nos deux routes ne sont pas identiques, encore sont-elles assez rapprochées et conduisent-elles toutes deux au même but. La différence qu'il y a entre l'une et l'autre Ligue est tout entière contenue dans ces termes : *Éducation Civique ou Éducation Patriotique*. Nous n'examinerons pas ici quelle est celle de ces deux formules, tout à fait distinctes, qui aboutit le plus sûrement à cette troisième formule tout à fait semblable, *Éducation Militaire ;* mais cordialement, respectueusement, nous associerons dans une même acclamation de reconnaissance, le nom de cet écrivain de talent, de cet éducateur dévoué, Jean Macé, fondateur et président de la *Ligue de l'Enseignement*, et le nom de notre grand historien national, de cet infatigable Français, Henri Martin, qui fut, lui aussi, un des premiers représentants de l'autre Ligue et qui est aujourd'hui l'inspirateur, le conseiller, le chef suprême de la *Ligue des Patriotes*.

Car, je tiens à le dire et à le répéter, je ne suis, moi, ici comme ailleurs, que le porte-drapeau de cette Ligue, ou si vous l'aimez mieux, que son porte-parole. Ce n'est pas que mes idées personnelles soient conformes en tout point à celles de mon cher et vénéré maître, mais il n'en est pas que je ne lui soumette, il n'en est pas que je ne fasse taire au moins momentanément devant l'expression de son désir ou la crainte de son blâme.

Un homme comme lui, qui connaît la France comme il la connaît, et qui l'aime comme nous l'aimons, n'a pas seulement le droit d'être écouté quand il parle d'elle, il doit être cru, il doit en tout cas être obéi. Cet aveu de soumission et de discipline volontaires me coûte d'autant moins que l'enseignement du respect des chefs fait partie de notre mission et qu'il n'est encore rien de tel que de prêcher d'exemple. Henri Martin me pardonnera cet hommage public ; j'ai trouvé juste, j'ai trouvé nécessaire de le lui rendre, ne fût-ce que pour expliquer à quelques-uns ma conversion sur certains points et mon silence sur certains autres. Je tenais aussi à dire hautement à tous quelle influence paternelle, quelle parole convaincante et autorisée, m'ont appris à modérer un peu les emportements de mes espérances, sans rien changer, je l'affirme, à la ferveur de ma foi française.

A un autre auditoire et pour d'autres assistants que ceux qui me font l'honneur de m'écouter j'aurais peut-être à m'excuser de ce long préambule, mais leur seule présence dans cette salle par une journée d'été m'est une sûre garantie de leur dévouée sympathie, et ce n'est pas à des Français et à des Françaises, réunis ici, tout exprès, pour entendre parler de la France que je craindrai d'avoir déplu en leur faisant l'éloge de ce vieux Gaulois.

Et cependant, si confiant que je sois en vous, Messieurs, je crois prudent de vous prévenir, pour éviter tout malentendu, du sens tout commercial, sinon tout pacifique, que j'attache aujourd'hui à ces mots : *Défense nationale*. Il est en effet probable qu'en lisant ce titre sur l'affiche, et en voyant au-dessous un nom qui ne représente guère pour vous qu'un poète militaire ou qu'un discoureur belliqueux ; il est probable, dis-je, que la première pensée qui vous est venue à l'esprit est que vous alliez entendre quelque récit de batailles, quelque souvenir de cette autre défense nationale, — qui a été l'honneur de la France et qui restera la gloire d'un

Français : — quelque appel à la guerre d'Indépendance, en un mot, quelqu'une de ces sonneries de clairon qui me sont chères, auxquelles je ne renonce certes pas, mais que je crois aujourd'hui moins urgentes qu'une explication ou qu'un cri d'alarme sur les dangers de l'heure présente.

Ces dangers ont plusieurs causes, mais ils auraient tous le même effet : la ruine publique.

Or, s'il est vrai de dire qu'en l'état actuel de l'Europe une puissante armée est la seule sauvegarde de la prospérité d'une nation, c'est une vérité correspondante d'affirmer que la prospérité d'une nation est le premier soutien d'une puissante armée.

Je parle ainsi tout d'abord pour que personne ne se méprenne sur le motif qui me fait parler. Ce n'est pas seulement de la situation actuelle de la France que nous nous préoccupons en ce moment, c'est aussi de sa situation future et de ce que la *Ligue des Patriotes* appelle le relèvement complet de la Patrie.

Nous espérons aider à ce relèvement par la propagation de l'éducation patriotique et militaire, par un appui moral et matériel donné aux vaillantes Sociétés de gymnastique et de tir, mais nous croyons faire également œuvre d'éducateurs et de patriotes en expliquant tout haut, à tous, qu'un pays ne se défend pas seulement par les armes, car il peut être envahi et menacé autrement que par des soldats.

La nouvelle invasion que subit aujourd'hui la France

est celle de la main-d'œuvre et des marchandises étran-
gères; et la première défense nationale à organiser est
la défense du travail français contre les travailleurs
étrangers; la défense de l'industrie et du commerce
français contre la concurrence et la contrefaçon étran-
gères, la défense des colonies françaises contre leur
exploitation par des étrangers.

Le premier principe de la défense du travail français contre les travailleurs étrangers nous paraît être celui-ci :

Nous devons limiter le degré d'hospitalité à accorder à tels ou tels travailleurs étrangers au degré d'hostilité des nations qui nous les fournissent.

« Quel est le rempart de la Grèce? disait Démosthènes aux Athéniens vaincus, et il répondait : « La Défiance. » Je sais tout ce qu'une pareille doctrine a de contraire à notre générosité native. Nous sommes le peuple des bras ouverts et des mains tendues, mais encore faut-il savoir qui vient s'y jeter dans ces bras ouverts, qui vient serrer ces mains tendues.

Il y a assurément du vrai dans cette généreuse théorie : *Tous les peuples sont frères;* mais il y a encore plus de vrai dans cette théorie non moins généreuse : *Mon premier frère est le frère français.*

L'heure est venue d'un égoïsme national, ou, si vous l'aimez mieux, d'une passion nationale, absorbante, exclusive, jalouse comme toutes les passions. Ce n'est pas à moins que nous consolerons et que nous guérirons la Patrie. Je ne demande pas que nous haïssions nos voisins, je demande que nous nous souvenions de qui nous a nui, et que nous sachions bien qui nous nuit encore, qui nous nuit surtout et entre tous.

Quand le contact quotidien avec un ennemi que nous pouvons bien appeler héréditaire, nous aussi, n'aurait pour unique résultat que d'attiédir et d'émousser en nous la vigueur de nos rancunes patriotiques, qui sont des devoirs, encore serait-ce là une déperdition de force dont nous ne devons pas faire fi. De tous les cosmopolitismes, qui sont tous dangereux pour notre nation vaincue, il n'en est pas de plus fatal que celui qui ouvre imprudemment nos foyers au frère allemand, ce uhlan d'hier ou de demain.

Je l'ai dit et je le répète, la fraternité des peuples n'est que le mot de passe des ouvriers étrangers qui viennent partager le pain des nôtres. Notre terre de de France semble être vraiment le pâturage de l'Europe; c'est bien le moins qu'elle choisisse ses hôtes et qu'elle n'admette que sous bénéfice d'inventaire les protestations amicales de ses fraternels envahisseurs. Passe pour le Belge, qui nous a si charitablement recueilli en 1870; passe également pour le Suisse, qui en a fait autant; passe encore pour l'Anglais, tout maussade qu'il soit, mais dont le fond vaut mieux que la forme; passe même pour l'Italien, dont les violences sont plus une affaire de tempérament que de sentiment et dont le germanisme n'est peut-être pas incurable; mais ne passe pas pour l'Allemand, car entre eux et nous il n'y a pas seulement du sang répandu, il y a du sang volé.

Qu'on ne croie pourtant pas que ces raisons de sentiment soient le seul point de vue où je me place pour signaler l'invasion allemande comme un danger national.

L'angoisse instinctive que j'éprouve à la vue de tous ces Deutsche installés chez nous se double encore d'une préoccupation motivée par les résultats désastreux de leur séjour.

La *Gazette de Voss*, à qui j'emprunte ce chiffre, reconnaissait, au mois de septembre dernier, qu'il y avait 50,000 Allemands à Paris, et la *Gazette de Hongrie* parlait hier encore d'un demi-million d'Allemands établis en France (1). Il n'est pas d'usines, pas d'ateliers, pas de magasins de nos grandes villes où ils n'aient leurs places, pas de grèves ou ils n'aient leur rôle et leur profit. Les exemples sont assez récents pour qu'il soit superflu de les rappeler.

Et ces innombrables concurrents ne nuisent pas

(1) Les statistiques officielles en accusent un nombre un peu inférieur; c'est que plus d'un Prussien a trouvé prudent de s'inscrire soit comme Suisse, soit comme Belge, soit même comme Alsacien-Lorrain. Tout le monde sait que le recensement se fait toujours à l'amiable, sur la déclaration volontaire de chacun et sans aucune pièce à l'appui.

Un relevé que nous faisons faire par toute la France nous permettra bientôt d'établir la carte d'occupation allemande du pays français.

seulement au travail français en France même, ils ne
prennent pas seulement le gagne-pain des nôtres chez
nous ; une fois instruits à nos dépens, ils emportent
chez eux tous nos secrets de fabrication en riant sous
cape de cette bonne France, qui est la mère nourrice
de ses ennemis et l'institutrice brevetée de ses concurrents. Ce que tel ouvrier français a mis de longs jours
à trouver, ces plagiaires le décalquent en un instant,
le fabriquent à la hâte et le livrent à moitié prix. Il
faut lire à ce sujet les très remarquables articles pu-
bliés dans le *Drapeau* par M. Henri Deloncle. Vous y
verrez l'extension qu'a prise depuis ces dernières années ce mode pratique de perfectionnement sans essais,
et de réussite sans tâtonnements : dessins de tissus,
modèles de meubles, façons de bijoux, types même de
jouets, il n'est rien qui échappe à l'attention minu-
tieuse de ces copistes forcenés. Il y a certainement là
un hommage touchant rendu au goût des producteurs
français ; le malheur est que cet hommage ne soit pas
tout à fait désintéressé.

Et je n'ai encore parlé que de l'ouvrier ; que dirai-je
de cette armée d'employés et de comptables tudesques
que nous avons la naïveté de charger de correspondre
pour nous avec le monde entier. Assidus, exacts, ils
ont bientôt fait d'établir la liste complète de tous nos
clients d'Europe ou d'outre-mer, le tarif détaillé de
toutes nos marchandises. Munis de ces renseignements
qui leur seront grassement payés, car ils rapporteront

gros, ces employés modèles retournent au comptoir natal, expédient immédiatement au nom de leurs vrais patrons des offres de vente au rabais pour des marchandises similaires, et l'année suivante, le négociant français se trouve bel et bien dépouillé de sa clientèle au bénéfice du négociant allemand.

C'est ce qui rend explicable cette étonnante annonce publiée récemment dans le *Petit Marseillais* : « *Un Allemand désire faire la correspondance allemande dans une maison française, même sans appointements.* » Et cette proposition n'est rien moins qu'isolée. Un grand industriel de Rouen, à qui je la signalais ce matin même, me racontait qu'il recevait journellement des lettres de jeunes Prussiens qui lui demandaient à entrer chez lui pour un an avec ou sans appointements, ce à quoi un des contre-maîtres qui étaient là ajouta gaiement : « Ce sont les volontaires d'un an de l'espionnage. »

Le temps me manque pour vous entretenir, même en passant, d'une autre forme non moins grave de la lèpre allemande, je veux parler de l'installation triomphale de ces messieurs à tous les guichets de la haute banque, de leur influence de jour en jour plus directe sur toutes les fluctuations de la Bourse. C'est d'ailleurs là une catégorie spéciale qui vaut les honneurs d'une étude à part et qui n'a rien à voir avec le travail et les travailleurs.

L'invasion pacifique que nous vous signalions a pris,

dans ces derniers temps, de telles proportions que les journaux de toute nuance et de toute opinion s'en sont émus, aussi bien dans la presse parisienne que dans la presse départementale. Divers projets de loi ont même été déposés à ce sujet, de nombreuses brochures ont également paru. Signalons, parmi les plus récentes et les plus chaleureusement patriotiques, celle qui est signée Waverley. Son auteur, qui démontre fort ingénieusement que la main-d'œuvre est une marchandise, propose de frapper cette marchandise d'un impôt spécial sur tous les ouvriers étrangers.

Nous ne pouvons pas approuver une proposition qui atteindrait du même coup les travailleurs amis qui nous aident et les travailleurs ennemis qui nous nuisent. Nous ne nous associons pas non plus à l'anathème que M. Waverley jette au passage contre les juifs français.

Un peuple n'a jamais que les juifs qu'il mérite,

m'écrivait un poète, fils d'Israël, et il affirmait et je reconnais avec lui que, depuis 1789, la France a mérité de bons juifs et qu'elle les a.

Mais si nous sommes obligés de faire de nombreuses restrictions aux idées particulières émises dans cette brochure, nous devons reconnaître que l'idée générale en est ardemment française, et nous en retiendrons cette phrase : « Il est une chose qui a encore plus besoin de protection pour vivre que l'industrie nationale, c'est le travail national représenté par l'ouvrier. »

Or, nous reconnaissons que ce travail est tout aussi bien lésé par la venue en France de centaines de mille d'ouvriers allemands non formés, que par le retour en Allemagne de ces mêmes ouvriers formés à notre école. Car, par une coïncidence remarquable, l'Allemagne semble s'être tout spécialement outillée depuis la guerre pour produire ou plutôt pour reproduire ce que nous produisons. Peut-être est-ce là un des moyens de combat auxquels pensait le prince Frédéric-Charles, dès 1872, quand il parlait d'infliger à la France un Sedan financier et industriel. Nous verrons tout à l'heure quels sont les autres. Quant à nous, nous n'avons contre les uns ou les autres de ces moyens de combat qu'un seul moyen de défense, le groupement et l'association des bonnes volontés individuelles. La protection du travail français contre les travailleurs allemands, ce n'est pas à une loi d'État que nous la demandons, c'est à une coalition patriotique des ouvriers et des patrons français. Il suffirait d'une convention conclue de gré à gré entre leurs chambres syndicales respectives pour fermer à l'exploitation germanique toutes les portes de nos ateliers nationaux. Il y va de notre honneur, il y va même de notre sécurité que la France cesse le plus vite possible d'être une des colonies de l'Allemagne.

Que si quelqu'un s'inquiète de la portée de nos

paroles ou des conséquences de nos conseils, nous répondrons que c'est aux bonnes volontés individuelles, seules, que nous faisons appel, qu'elles sont aussi puissantes qu'indépendantes, et que là où l'État français n'a rien à faire, l'État prussien n'a rien à voir.

II

Le second danger auquel ces bonnes volontés doivent également parer est plus directement la conséquence de cette campagne industrielle et commerciale menée contre nous depuis douze ans, et qui a eu pour première base d'opérations l'article 11 du traité de Francfort.

Le traité de Francfort n'est en effet pas seulement un traité de conquête, c'est aussi un traité de commerce.

On peut même dire qu'après avoir frappé la France en une fois d'un impôt de guerre de cinq milliards, l'Allemagne, depuis cette époque, lève indirectement sur nous un tribut annuel et annuellement progressif dont le commerce et l'industrie français payent tous les frais (1).

Nous avons tous si cruellement et si immédiatement souffert des conséquences inoubliables de l'article premier du Traité et nous en souffrons si vivement en-

____

(1) « L'évènement a démontré qu'il eût été préférable ou de si-gner, en 1871, un nouvel arrangement commercial avec l'Allemagne ou s'il était plus expédient de lui accorder le traitement de la nation la plus favorisée dans un traité de paix, d'y ajouter certaines conditions limitatrices quant à sa durée. (Valfrey, *Histoire du traité de Francfort*, 1re partie, ch. III, page 99.)

core, que bien peu d'entre nous ont arrêté leur vue et leur réflexion sur cet article XI dont je parlais plus haut.

Vous connaissez tous la clause qui nous mutile. Je vais vous faire connaître celle qui nous ruine :

Art. 11. — *Les traités de commerce avec les différentes nations de l'Allemagne ayant été annulés par la guerre, le gouvernement français et le gouvernement allemand prendront pour base de leurs relations commerciales le régime du traitement réciproque, sur le pied de la nation la plus favorisée.*

En apparence, quoi de plus équitable que cette clause? Est-il dans la langue un terme plus clair que cette fraternelle épithète :

« Réciproque »?

Comment se fait-il donc que cette *réciprocité* ait eu pour conséquence : la France ouverte à l'Allemagne et l'Allemagne fermée à la France? D'où vient que telle marchandise provenant de l'autre côté des Vosges ne soit frappée à notre nouvelle frontière que d'un droit de 5 0/0, tandis qu'une marchandise similaire envoyée de France en Prusse, se trouve arrêtée par une taxe 5 fois, 6 fois et jusqu'à 10 fois supérieure?

Le motif en est bien simple; le traité de Francfort a été aussitôt faussé que signé. Car en stipulant qu'elle traiterait la France sur le pied de la nation la plus favorisée, l'Allemagne ne pouvait loyalement pas sous-entendre qu'elle n'en favoriserait aucune. *Donner et retenir ne vaut,* dit le vieil adage; *tout contrat est synallagmatique et engage les deux parties contractantes,* enseigne aussi le Droit français. Le Droit allemand enseigne sans doute autre chose, car après avoir dit à la France : « Tu me traiteras comme tes amis et je te traiterai comme mes amis, la Prusse ajoutait : « *Seulement, moi, je n'ai pas d'amis.* » Admirable stipulation qui peut également se formuler ainsi : « Tu me prêteras ta montre et je te prêterai la mienne, seulement moi je n'ai pas de montre. »

Telle est pourtant la situation dérisoire qui nous est faite. L'Allemagne a braqué sur nous un véritable canon Krupp, tout bourré de ses marchandises, elle nous en mitraille, quand et comme elle veut, et il ne nous a été laissé officiellement aucune arme pour lui riposter ou pour nous défendre. Et qu'on ne dise pas qu'en adoptant cette clause les plénipotentaires prussiens n'ont pas prévu immédiatement tous les bénéfices qu'ils pourraient en tirer un jour ; si quelqu'un avait à Francfort les yeux voilés par les larmes, ce n'était assurément pas M. de Bismarck (1).

(1) Faisons remarquer ici une autre des prévoyances de M. de Bismarck ; il avait dores et déjà réservé sa liberté pleine et entière du côté de l'Italie et de l'Espagne.

Voici en effet les termes du traité :

Seront exceptées de la règle ci-dessus les faveurs qu'une des parties contractantes a accordées ou accordera par traité de commerce à des nations autres que l'Angleterre, la Belgique, les Pays-Bas, la Suisse, l'Autriche et la Russie. On comprend dès lors les faveurs spéciales que l'Allemagne vient d'octroyer à sa nouvelle alliée l'Italie, faveurs qui ne profiteront en rien à la France, et qui profiteront bien peu du reste à la favorite elle-même dont la Prusse exige, en échange de deux ou trois franchises sans importance, l'entrée gratuite de ses bières.

Les effets du mal ne se sont cependant fait sentir que huit ou neuf ans après, mais les causes n'en remontent pas moins au lendemain de la guerre.

Il fallait du temps à cette nation neuve pour s'outiller, et il fallait qu'elle fût outillée depuis plusieurs années pour produire fructueusement. Or, l'outillage, encore incomplet jusqu'en 1878, augmente et se perfectionne chaque jour. Les exportations qui étaient déjà de trois milliards sept cent trente millions en 1880 ont augmenté de soixante-treize millions l'année suivante, et la progression est encore plus marquée pour les six derniers mois de l'année passée et pour les trois premiers mois de cette année-ci.

Il est avéré aujourd'hui que, grâce à une inégalité de tarifs sans limite, précédée d'une inégalité de salaires sans proportion, grâce aussi aux faveurs spéciales que nos propres chemins de fer accordent à tous les transits étrangers, les articles prussiens reviennent à dix pour cent meilleur marché, sur la place de Paris, que les articles parisiens correspondants.

L'Allemagne ne profite là, je le sais, que des faveurs octroyées par nous aux nations voisines et je me dis aussi qu'à l'expiration des traités récemment renouvelés, il n'eût peut-être dépendu que de nos négociateurs ou de n'en plus signer aucun ou de les modifier tous dans un sens plus protecteur. Mais qui peut savoir les dessous diplomatiques de ces concessions? Nous croyons assez au patriotisme de ceux qui les ont faites pour supposer qu'ils ont eu de puissantes ou de pressantes raisons. Peut-être aussi n'était-ce que sagesse de ne pas doubler notre lutte d'intérêt avec une nation d'un conflit commercial avec toutes les autres. Non pas que nous eussions demandé une protection absolue ; mais pour qu'il y ait libre-échange, encore faut-il qu'il y ait échange, et quand Quesnay et Adam Smith ont dit : « Laissez faire, laissez passer », ils n'ont jamais voulu dire : « Laissez contrefaire, laissez surpasser. »

Au reste, qu'il y ait eu ou non une faute commise sur ce point et que cette faute ait ou non ses excuses, nous ne pouvons pas plus penser à dénoncer tous les traités consentis, que proposer de déchirer le pacte imposé.

Mais ce que nous pouvons et devons faire sans retard et sans relâche, c'est de signaler aux commerçants et aux consommateurs français le mal profond qu'ils causent à leur pays en consentant à bénéficier passagèrement de cette moins-value des productions prussiennes.

C'est une vérité dont il faut que nous nous pénétrions bien tous, qu'à chaque manufacture allemande qui progresse correspond une manufacture française qui décroît. Et que cet achalandage exotique se continue encore pendant deux ou trois ans, les acheteurs français grands ou petits en arriveront à créer un monopole au bénéfice de la Prusse par l'extinction totale de notre Industrie nationale. A tant de causes, qui rendent déjà de tels concurrents particulièrement redoutables et leur concurrence spécialement nuisible, s'en ajoute une autre dont je n'ai encore dit qu'un mot.

Je veux parler de ce merveilleux don d'assimilation germanique, que la loi française qualifie tout simplement de contrefaçon et de vol de modèle. Les Allemands fabriquent comme nous, d'après nous et pour nous. Ils fabriquent aussi pour d'autres, bien entendu, mais le changement de clientèle ne modifie en rien les procédés de fabrication. Les comptoirs dont ils nous ont dépossédés dans l'Amérique du Sud et dans l'Amérique du Centre, aux Indes même et en Australie, sont actuellement remplis de marchandises allemandes, non pas seulement à notre imitation, mais à notre marque. Mirabeau disait jadis : « La guerre est le commerce national de la Prusse » ; il pourrait dire aujourd'hui non moins justement : Le commerce national de la Prusse est une guerre. Elle fait l'un comme elle a fait l'autre, mettant en pratique pour l'un et pour l'autre ce troisième moyen d'acquérir qu'Aristote appelait le brigandage, ou encore cette expédiente méthode de Panurge dont Rabelais disait « qu'il avait septante et une manières de gagner argent, dont la plus honnête était par façon de larcins furtivement faits ». Si vous teniez l'accusation pour injuste, j'ai là de quoi lever vos doutes. Écoutez ce passage du protocole de la conférence du 13 juillet 1881 :

ÉTIQUETTES ET MARQUES DE FABRIQUES.

Conformément à leurs instructions, les plénipotentiaires français signalent à leurs collègues la nécessité de dissiper les préoccupations qui pèsent en ce moment snr certains industriels et commerçants français à propos des étiquettes et marques de fabrique. Plusieurs journaux allemands ont émis l'opinion que le texte du traité de paix ne rappelant pas celui des droits de commerce d'août 1862, DONNERAIT IMPLICITEMENT LE DROIT D'IMITER, EN ALLEMAGNE, LES ÉTIQUETTES ET MARQUES FRANÇAISES. Le commerce s'en est ému, à tort sans doute, et des plaintes ont été adressées au gouvernement français. C'est pour dissiper toute incertitude à cet égard que les plénipotentiaires français sont chargés de demander qu'une déclaration spéciale, dont les termes seraient à préciser, soit insérée dans le protocole final.

Les plénipotentiaires allemands répondent que, à leurs yeux et sans vouloir entrer à ce sujet dans une discussion de fond, LE PRINCIPE DE LA GARANTIE DES MARQUES DE FABRIQUE ET DES ÉTIQUETTES NE LEUR PARAIT PAS RÉSULTER DES DISPOSITIONS DES TRAITÉS DE PAIX aussi clairement que leurs collègues semblent le supposer.

Que pensez-vous de cette bonne foi germanique ou punique? En ai-je trop dit à votre gré, ou ne cherchez-vous pas comme moi de quel nom on pourrait poliment désigner en bon français ces nobles diplomates qui réservent la discussion de ce problème : la *fraude* est-elle un droit? Par bonheur et par hasard aussi ce problème a été de nouveau discuté, et a reçu enfin une solution que nous ne saurions trop faire connaître, et que nous trouvons également consignée dans un des articles de M. Deloncle. Voici, en effet, ce que publiait notre collaborateur, à la date du 18 mai dernier :

Il existe une législation particulière allemande, dont l'article 26 du traité de commerce de 1862, repris par la convention du 12 octobre 1871, nous étend le privilège; législation fixée par les deux lois de 1870 et publiée en 1881 par notre ministère compétent, dans les Annales du commerce extérieur (série 3, n° 2229, en demander la délivrance gratuite aux bureaux du boulevard Saint-Germain, n° 246).

Il faut enseigner et faire savoir que ces deux lois sont plus absolues et plus formelles encore que notre jurisprudence tronquée, puisqu'elles protègent le modèle artistique autant que le modèle industriel. Mais pour se conformer à ces prescriptions, il faut que nos négociants fassent œuvre légale; ils n'en ont pas le temps.

Les ouvriers allemands viennent à Paris, ils inondent la France ; ils font abaisser par leur concurrence les salaires des nôtres ; ils usurpent nos procédés ; nous voyions tantôt, dans une maison du faubourg Saint-Antoine des ameublements entiers sculptés sur pièces venues d'Allemagne, des marqueteries d'outre-Rhin, bariolées de fautes d'orthographes en leurs devises gothiques, des bois taillés à Nuremberg, des cuirs de vache estampés venus de Thuringe ; il fallait à toute cette brocanterie des racoleurs prussiens; on les a mandés : la grève a spécialement frappé cette maison.

. . . .

Que faire contre l'invasion lente ? Savoir où elle se répartit, connaître ses mots d'ordre, pénétrer ses embrigadements.

Le premier point serait de dresser une carte allemande de la France, signalant toutes les villes, toutes les usines, tous les ateliers, tous les emplois occupés chez nous par les Allemands. Il importe aussi de dresser parallèlement une carte de l'Europe germanisée, et pour ce faire que faut-il ? Instituer un corps de contrôle libre, qui fasse la police de tous.

Nous avouons que notre corps consulaire est mal renseigné, que les progrès accomplis par lui depuis 1870 sont encore au-dessous de son rôle, que ce serait folie de lui demander, comme nos voisins le font à l'abri de leur autoritarisme, des informations volantes sur l'état français des marchés qu'il surveille ; nous applaudissons d'avance aux efforts que tentera la commission que M. Dietz-Monnin préside et dont fait partie M. Félix Faure, un des vice-présidents de la *Ligue des Patriotes* ; mais nous ne pensons pas qu'il faille emprunter à nos voisins leur système de dédoublements, si fécond pour un pays jeune, mais chez nous si compromis par de séculaires expériences.

L'œuvre que nos consuls ne peuvent plus accomplir, cette œuvre de courtiers officiels qu'on n'oserait exiger d'eux, nous pouvons l'effectuer sans mandat, et couvrir la terre d'un réseau d'agences. Mais c'est une organisation spéciale qu'il nous faut.

Il faut que quelqu'un s'en charge et y supplée. N'avons-nous pas là justement une association toute formée et toute prête dans cette *Ligue des Patriotes*, dont une des formules est la *Défense* et le *Relèvement de la Patrie?*

Ne devrait-elle pas faire place dans son œuvre à une section spéciale dite *Ligue d'économie politique*, où se centraliseraient et se grouperaient tous les renseignements nécessaires à cette œuvre de patriotisme commercial qui est inséparable de toutes les autres formes du patriotisme? La force de l'argent est une force nationale que nul sage Français ne doit négliger, et au maintien de laquelle tout Patriote doit veiller tout en en dirigeant l'action et en en choisissant le but.

On nous pardonnera cette citation un peu longue, mais que nous pouvions d'autant moins abréger, qu'elle renferme en d'excellents termes, et le renseignement que nous tenions à vous donner, et la requête que nous avions à vous adresssr.

Si tout ce que nous avons dit, rappelé ou lu aujourd'hui, vous met au cœur la même inquiétude patriotique que celle que nous ressentons nous-mêmes en vous parlant, aucun et aucune de vous n'hésitera, j'en suis sûr, à former avec nous et autour de nous cette ligne de résistance pacifique. Que nos commerçants français, qui ne peuvent vouloir ni la ruine de nos producteurs, ni le chômage de nos ouvriers, cessent d'aller grossir les revenus de nos adversaires ; qu'ils songent à faire vivre la France, car il n'y va pas de moins ; qu'ils y songent et qu'ils s'y engagent. Que, de son côté, le consommateur, qui est tout et qui peut tout, signe sur nos registres le pacte de la protection nationale, décrété par la nation même. Qu'il consente à payer d'abord un peu plus cher ce que le redoublement de la production française lui permettra bientôt de payer moins cher. Qui vend mille peut faire dix fois plus de rabais que qui vend cent.

N'y trouvât-on d'ailleurs ni personnellement ni matériellement aucun intérêt présent ni futur, que le salut de la fortune publique mériterait bien ce sacrifice et ce secours de tous. Notre conviction pourtant est que nul n'y perdrait, et que la France y gagnerait beaucoup. Ce double engagement du vendeur et de l'acheteur une fois admis, ou même ce simple éveil sur le danger commun donné au Pays, ce serait alors une véritable recommandation pour tout Patriote, inscrit ou non à la Ligue, que de lire sur une vitrine ou sur une facture ces trois initiales : L. D. P., surmontées de ces deux mots : « ARTICLES FRANÇAIS ».

Les acheteurs étrangers eux-mêmes seraient reconnaissants de ce certificat d'origine. Car, à l'heure qu'il est, tout voyageur en quête de souvenirs authentiques risque fort de rapporter de France des velours de Lyon fabriqués à Crefeld, des soieries de Saint-Étienne originaires d'Elberfeld, des dentelles du Puy exécutées dans l'Erzgebirge, des draps d'Elbeuf tissés à Aix-la-Chapelle, des rouenneries wurtembergeoises, des faïences limousines du Brandebourg ; du Baccarat de Rheinfeld ou de Zuglin, du vin de Champagne de Dresde, des jouets nationaux de Nuremberg, des bijoux parisiens de Berlin, et jusqu'à des sabres d'officiers français de Solingen ou de Spandau.

Il y a dans cette énumération — très incomplète — la part des hommes, la part des femmes et la part de tous ; c'est donc sur tous que nous comptons, nous fiant à chacun pour organiser sur chaque point spécial sa part de résistance ou d'abstention.

Mais là, comme ailleurs, le rôle des femmes doit encore être prépondérant, non pas seulement parce que le triomphe d'une idée dépend beaucoup d'elles, mais parce que, à leur insu, les trois quarts des objets qui composent leurs toilettes sont aujourd'hui de fabrication allemande. Moins occupées, et par conséquent moins pressées que nous, elles ont le temps de s'enquérir de la provenance de ce qu'elles achètent. Nous pressentons bien que la réponse sera rarement sincère, mais la question faite et renouvelée servira d'avis pour l'avenir au vendeur, j'allais dire au receleur d'objets prussiens.

Vous vous étonnez peut-être, Mesdames, vous vous indignez peut-être aussi de nous entendre expliquer avec tant de détails, examiner sous tant de faces une question purement matérielle, une question, — le mot a été dit, — une question de boutique.

Eh bien, oui ! Nous ne voulons pas que la boutique prussienne ruine la boutique française, car des revenus de cette boutique vivent des hommes de notre race et de notre sang ; oui, nous nous intéressons passionnément à tous ces milliers de travailleurs de toutes sortes et de toutes conditions ; oui, tout ce qui fait le bonheur de notre nation nous est cher, comme nous est également cher tout ce qui fait sa gloire, sa force et sa grandeur ; et puis, enfin, ce n'est pas seulement la fortune de la Patrie que nous défendons, c'est aussi le budget de sa délivrance.

Pendant la captivité du roi saint Louis, fait prisonnier à Damiette, cette vieille chanson courait les châteaux et les chaumières :

> Filez, filez, femmes de France,
> Pour la rançon du roi Louis.

Nous vous disons, nous, et puisse ce refrain être entendu là-bas de ceux qui nous écoutent :

> Veillez, veillez, femmes de France,
> A la rançon des envahis.

Et vous y veillerez, n'est-ce pas ? Et vous ne serez pas seulement les sentinelles et les soldats de cette croisade contre l'empiètement germanique, vous en serez les missionnaires et les guides.

C'est vous qui ferez comprendre à vos maris, à vos fils, à vos frères, à vos pères même, qu'il n'y a d'irréalisable en France que ce à quoi vous n'aidez pas ; vous leur enseignerez les petits côtés des grands devoirs, et la grande force des petits efforts, et vous leur ferez prononcer à tous, en la prononçant vous-mêmes, la formule de serment de la Ligue :

« Nous nous engageons a poursuivre par tous les moyens en notre pouvoir le relèvement complet de la patrie. »

II

Si importante que soit la troisième question qui me reste à traiter devant vous, Messieurs, je me suis trop longuement étendu sur les deux premières pour pouvoir lui donner tout le développement qu'elle comporterait. Voici donc à grands traits notre idée générale sur la défense des colonies françaises contre leur exploitation par les étrangers.

Il y a trois procédés de politique coloniale : le premier, le plus naturel, et le plus pratique est d'avoir des colonies et d'y avoir des colons, c'est le procédé anglais ; le second, moins naturel, mais très pratique encore, est d'avoir des colons sans avoir de colonies, c'est le procédé allemand et italien ; le troisième, qui n'est ni naturel ni pratique, est d'avoir des colonies sans avoir de colons ; c'est le procédé français.

Il est en effet certain que l'histoire de notre politique coloniale depuis cinquante ans pourrait se résumer ainsi : la France conquiert par ses soldats et défriche par ses pionniers des territoires que vient exploiter l'Etranger. Nous reconnaissons que la faute en est à nous, à nos familles peu nombreuses, à notre instruction insuffisante, et enfin aussi à notre attachement au sol dont parlait Danton. Ces causes se modifieront-elles et le mouvement colonial qu'on cherche à produire aura-t-il son plein effet? l'avenir seul nous le dira. Mais notre premier devoir est de chercher à porter un prompt remède à la situation présente.

Le mal n'est pas que nos territoires, inoccupés par nous, soient occupés par les étrangers, il n'est au contraire rien de plus utile, quant à présent, mais que les étrangers y trafiquent spécialement avec leurs nationaux, il n'est alors rien de plus nuisible. Le comptoir d'un Allemand installé au Sénégal, à la Martinique, ou à Hanoï même, n'est aujourd'hui qu'une véritable succursale d'un autre comptoir allemand établi à Berlin, à Dresde ou à Hambourg. Ces étrangers ont bien raison d'être fidèles à leur mère patrie, mais notre mère patrie, à nous, a bien tort de ne pas leur faire un peu payer cette fidélité qui la ruine.

Nous repoussons formellement la doctrine économique qui affirme que les colonies ne sont qu'une extension du nom; les colonies sont une extension du commerce ou elles ne sont rien. Nul n'est assurément plus sensible que nous à la gloire du drapeau ou du pavillon, mais nous sommes à une heure de crise nationale où toute dépense de forces doit être compensée par une acquisition d'autres forces, et ce n'est pas rabaisser l'honneur des armes que de vouloir que la mort des nôtres serve à la vie des nôtres.

Le *pacte colonial* contraignait jadis la colonie à ne vendre ses produits qu'à la métropole, et à n'acheter que les produits de la métropole, restriction gênante et onéreuse que nous ne voudrions voir rétablir qu'en partie. Laissons la colonie libre de vendre à qui elle peut et à qui elle veut, mais demandons-lui des faveurs spéciales pour sa métropole.

Le traité de Francfort et tout autre traité de commerce n'engagent que la France continentale : la France coloniale est libre. Que l'État en profite pour assurer là-bas à nos nationaux les droits protecteurs qu'il ne peut plus lui accorder ici ; qu'il ouvre au commerce français un débouché qui lui est aujourd'hui fermé par les mêmes gens, pour les mêmes causes et par les mêmes procédés. Des taxes égales créent une situation inégale toute à notre détriment : c'est bien le moins que nous nous favorisions nous-mêmes. Nous proposerions donc d'abolir l'art. 2 du sénatus-consulte de 1866 sur l'octroi de mer et de le remplacer par une loi conçue dans cet esprit : *Sont exempts de tout droit, dans nos possessions maritimes, les objets manufacturés de provenance française.* Peut-être faudrait-il aussi accorder en même temps à nos commerçants coloniaux une protection et une faveur légitimes en les dégrevant de tout ou de partie de l'impôt de patente.

Il ne nous appartient d'ailleurs pas ni de spécifier ni de limiter le genre de protection à accorder, non plus que l'espèce des marchandises à protéger. La discussion de notre proposition par le Parlement et par la presse, compléterait et préciserait ce qu'elle a forcément encore de vague et d'incomplet.

Notre but est, avant tout, d'attirer l'attention publique sur le déclin de la prospérité française et sur l'urgence qu'il y a à la relever.

Il nous paraît inutile d'expliquer que le même système économique qui a pu être profitable à la France victorieuse, a pu devenir nuisible à la France vaincue.

Mais ne faisons pas une théorie de nos conseils, ni libre-échangistes malgré tout, ni protectionnistes quand même, nous disons seulement que depuis le traité de Francfort et beaucoup de par ce traité, les exportations de nos vainqueurs ont augmenté de quatre milliards, tandis que les nôtres ont diminué de quatre cent millions.

Quant aux différents remèdes proposés par nous contre les diverses formes d'un même mal, — l'invasion allemande en hommes et en marchandises, — nous persistons à croire qu'il n'en est pas de plus efficaces que le groupement des résistances individuelles en résistance collective.

Aussi bien cette coalition pacifique n'aurait pas pour seul résultat de nous défendre contre la ruine, elle nous aiderait encore à sortir plus complètement de cet état tributaire et dépendant où nous a réduits la défaite.

LIGUE DES PATRIOTES

22, RUE SAINT-AUGUSTIN, 22

BULLETIN DE SOUSCRIPTION

Je soussigné..

né à...profession de..

demeurant à..

Département de...

déclare m'engager à verser une cotisation annuelle de.........................

....

ou déclare faire un versement définitif de...

....

et demande en conséquence mon inscription à la Ligue en

qualité de Membre...

Ci-inclus le montant de ma souscription et les frais d'envoi

de la médaille.

SIGNATURE

Les cotisations peuvent être payées en bons de poste, en mandats-poste ou en timbres joints à ce bulletin, adressés à M. OLIVEAU, administrateur général, ou à M. Auguste JUGE, trésorier de la Ligue.

LE DRAPEAU

22, RUE SAINT-AUGUSTIN, 22

ABONNEMENTS :

POUR LA FRANCE, LES COLONIES ET L'ALSACE-LORRAINE.			POUR L'ARMÉE, L'INSTRUCTION PUBLIQUE ET LES MEMBRES DE LA LIGUE.		
n an.	Six mois.	Trois mois.	Un an.	Six mois.	Trois mois.
0 fr.	12 fr.	7 fr.	18 fr.	10 fr.	6 fr.

Étranger, frais de poste en plus

BULLETIN D'ABONNEMENT

Je soussigné..

....

emeurant à..

épartement de..

éclare m'inscrire pour un abonnement de.......................

partir du...

sequ'au...

Ci-inclus le montant de mon abonnement.

SIGNATURE :

Les abonnements payables à l'avance partent du 1er de chaque
mois, et peuvent être reçus dans tous les Bureaux de poste ou soldés
par un mandat-poste joint à ce Bulletin et adressé à M. OLIVEAU,
administrateur général de la Ligue et du *Drapeau*, 22, rue Saint-Augustin,
Paris.

34

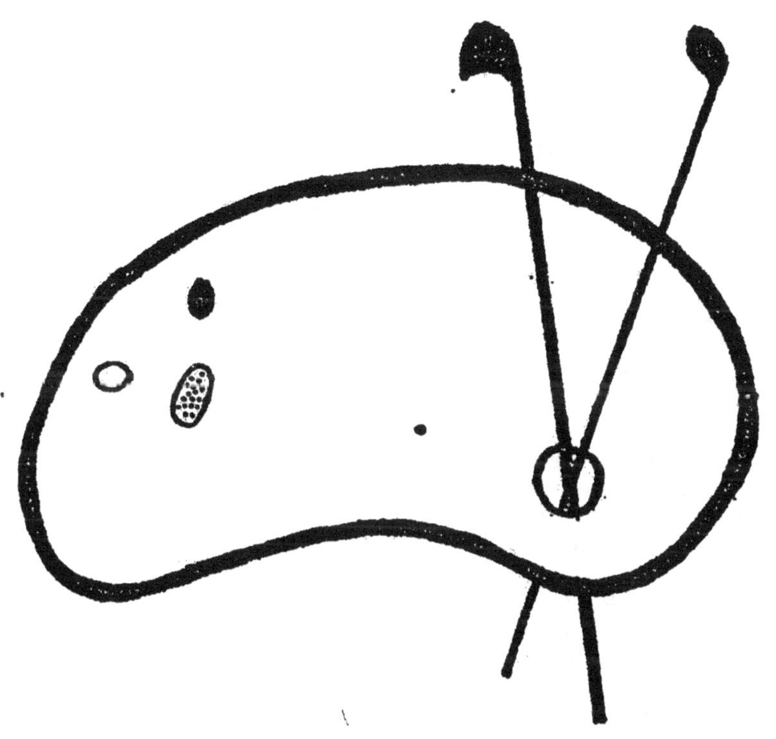

ORIGINAL EN COULEUR

LE DRAPEAU

MONITEUR ILLUSTRÉ DE LA LIGUE

Dans sa séance du 15 décembre 1882, le Comité de la Ligue des Patriotes, réuni sous la présidence de M. Henri Martin, a décidé la formation d'une Société par actions ayant pour but l'achat et la publication du « *Drapeau* » comme organe de propagande et d'enseignement patriotiques. Cette Société, composée de membres de la Ligue, a elle-même voté que les bénéfices provenant de la vente de ce recueil seraient désormais affectés à l'œuvre entreprise par la Ligue.

Les abonnements au *Drapeau* et son achat au numéro sont donc dès aujourd'hui une sorte de souscription à la Ligue et un moyen de lui venir en aide.

Un comité de patronage a été formé :

Les membres de ce comité n'hésitent pas à faire un appel pressant au public pour lui recommander cette publication.

Le *Drapeau* est avant tout un recueil exclusivement patriotique et d'où toute politique intérieure est bannie.

Les lecteurs et les lectrices de toute opinion trouveront là une sorte de magasin d'éducation française où seront passées en revue à leur jour anniversaire toutes les gloires de la nation depuis les origines de la France : Dates de victoires, Traités de paix, Patrons de la Patrie, bons serviteurs du Pays français, Invasions et Défense nationales, hommes et femmes célèbres dans les arts, les lettres, les sciences, etc.

Le recueil contiendra en outre des romans et des nouvelles conçus dans le même esprit d'encouragement et d'enseignement; des historiques de régiment, des extraits de Mémoires, des anecdotes et des récits, des poésies patriotiques, et aussi de très instructives et très significatives citations d'auteurs allemands de tous les genres, depuis les romanciers jusqu'aux érudits, et des poètes aux hommes d'Etat.

Enfin, et pour donner une base et un résultat pratique à cet enseignement moral, une page entière sera réservée à des communications sur l'armée, les Sociétés d'escrime, de gymnastique et de tir, de topographie militaire, etc.

Les noms des écrivains et des artistes qui donnent gracieusement leur concours à notre publication sont de sûrs garants de la valeur des œuvres et des dessins qui y sont insérés.

Quant au choix des articles, le *Drapeau* ne mentira ni à son titre ni à l'esprit de la Ligue. Il s'efforce d'être lui aussi, le ralliement des Patriotes de tous les partis. C'est dans ce seul but que nous travaillons tous, heureux si, au spectacle de son fier passé, au souvenir de ses héroïsmes, et émue de remords et d'espérance, la Patrie française relève enfin la tête et se redresse un jour de toute sa hauteur.

Le Comité de Patronage : Henri MARTIN; Félix FAURE, ✳; Alfred MÉZIÈRES, O. ✳; E. TURQUET, ✳; FÉRY D'ESCLANDS, ✳; PAUL DÉROULÈDE, ✳.

9 782013 468404